COLLECTION POÉSIE

JUDE STÉFAN

À la Vieille Parque

PRÉCÉDÉ DE

Libères

nrf

GALLIMARD

Libères

À A. Bosquet.

« *Farai un vers de dreyt nien :*
Non er de mi ni d'autre gen »
Guillaume d'Aquitaine.

I

VINGT-DEUX INVOCATIONS POUR TEMPS DE DISGRÂCE

« " O " — et tel est tout ce qui lie
ma bouche au ciel » dit Lou-Tang-Tong.

« Ô Seigneur des pluies et vents accordez
la bonne détresse » singeait Héron
l'ami qui n'est plus qu'os et Aber
aussi évanoui et Sabas hélas
qui s'oublie mais moi non qui reste
parmi tous mortels ou les faux glo-
rieux de la Misère qui reste pour
rien que la fosse commune d'oubli
pêle-mêle où tous noms par milliers
d'ossements gisent.

(Enseigne.)

Ceux qui tombent à la vie
dans le beau temps des nuages
mer agitée avec voiles
où êtes-vous amie
au-delà des nuées
chantante et modérée
ce matin l'Arétin
et puis l'été n'est-il pas là
Mélisande Mélusine
ma longue silhouette
déserte comme Ségeste.

(Portrait le 27 juillet 18 h.)

Chaque dimanche à l'heure morte où
parcourent les places en divaguant
les chiens quand on n'entend pas les
nuages que dorment les demeures et
que la voix d'humains enchapeautés
aux vides du jour résonne on voit
une ombre qui va au refuge du Dieu
haute nef déserte où les statues prient
des spectres dans le silence doré :
parfois y tombe un banc suscitant
la poussière parfois y tremble un cierge
signalant l'âme sans lieu parfois
y déplore le malheur légendaire l'orgue
de gloire.

(Les feues églises.)

Dans le pur dégoût d'être assailli
par la pureté qui soumet à chanter
la musique et la lumière ou glorifie
l'ombre sous opprobre de tristesse
— automne des pluies et tombes — l'un
n'est point l'autre et le même ne se
reconnaît mais le corps maintient
son âme tapie : au malheur souriant
ruinant la liesse au profond de sa
caverne.

(Ex-voto.)

« Pourtant moi dit Botz avec l'orgue
du soir matin des enfances et la main
de l'épouse j'aurais su vivre. Adieu
vieille mère pelouse et parfaites vaches
sur la prairie adieu voix maison et sil-
ence plein d'échos quel effarement
comme valet oublié de la demeure
vendue d'avoir vécu sans jamais de temps ! »

(La dite vie.)

Pauvres enfants comme les laîches seules
fille aux pieds grêles mais à la rose
tout n'a-t-il pas pour fond le noir
de la mort ? C'est pourquoi hâtez-vous
d'être hivers provençaux et bleus
ponts des capitales blanchis de neige
regards verdis des champs de courses
rubans vifs aux coiffes des promeneuses
avant que la vieillesse qui ne caresse
guère que les chiens avant que le repos
qui se souvient des chairs fermes et lisses
avant que la pleine lecture loin
des seins hauts et des oiseaux loin
des joies mûres ne vous penche le visage.

(Carpe diem.)

Aidez-nous objets qui n'avez pas d'âme
mais ainsi plus proches d'horizon
Miroir où se scrutait l'enfant génial
démesurant sa main de démiurge
Montre arrêtée d'annuler le temps fou
comme chamade Pêche sous la main
venue de Perse pour étancher
après fins ébats nos lèvres d'été
Damier s'unissant au dallage
qui les jours de pluie nos yeux marie
Œuf blanc dont l'ellipse imitera
la parfaite Imperfection de l'être
pris entre jeunesse et sagesse
puis à l'angle de la table posée
la Flûte qui sous mes doigts chantera
le beau triste.

(Nature morte à la pêche.)

Si l'anxiété de finir n'est que hâte
de jouir ô flux du temps et du sang
avant d'aller descendre au caveau
buvons l'oubli à la bouche des belles
car le fleuve s'écoule éternel
mais c'est nous immobiles qui passons
nos cheveux flétrissant comme feuilles
un jour tombées au sol après une
saison fleurie de femmes et de filles
après rapide voyage dans le siècle :
à nos chairs joyeuses dans le lit
des matins à nos livres fidèles
avec piété palpés au jardin
domestique et retrait levons amie
d'un jour durable très lentes nos coupes.

(Vanitas.)

À L. Gaspar.

Ô Fleurs dont nous ne saurions dire
que chatoyantes caresses Sourire
à la table liant trois hôtes Baigneu-
se dans les verts et les bleus pour nos doigts
nue Musique de chambre à l'ombre endormie
qui ne se plaint Vous tous protégez-nous
du crâne de la vanité creuse
Flageolets et Tambourins répandez
les pourpres et les mauves tandis
qu'assis comme les architectes nous
rêvons à des Paysages de nuit
à d'égyptiennes Nudités à
Colonnes jaillies loin du calme boudoir.

(Concert.)

Comme bulle de savon par l'enfance
au-dessus des jeux mondains soufflée
(comme) le pâtre de la Campanie
confiant en son tonnelet (comme)
lettre écrite à l'intime par Gésina
d'antan (comme) un riant courtisan
(comme) au crépuscule des plus profonds
arbres pour les corneilles (comme) main
sur cœur de la fiancée (comme) nuages
frangeant les voiles et les feuilles
(comme) un chaud parapet être stable
si fugace.

(Éternité.)

Animaux comme les chevreuils en leur
remise solitaire le cheval qui
paît ou sur la poutre la chouette
Vous aussi vivez en corps parfois
de longue vie faits de chairs et
peaux où les yeux feraient croire aussi
à une âme quand Vous nous regardez
comme nous animés mais le silence
Vous sauve de la mort en nous qui parle
accréditant sa puissance et plus justes
Vous passez plus stables ossements sans
souvenirs.

(Animaux.)

À L. Guillaume.

À l'écart par un dimanche de fête
au village les cloches un cheval
broutant parmi cris épars des oisifs
dans le pur silence l'été quand
on regarde sur l'étoffe posée
brun-jaune la vanesse les par-
terres de fleurs ou jeux de silhouettes
dans l'herbe et les arbres sous les nua-
ges épais blancs on est seul et tranquille
et comme son propre souvenir com-
me sa main.

(Oubli.)

— Et l'hiver Jude ? — L'hiver est oubli
du printemps là encore sous la neige
des lilas (Ô temps blanc lugubre
ministère comme un baiser ressemble
à la haine violenté sur belles lè-
vres abjectes de maraude écrasée
contre un arbre tandis que rauques
en lent cri volettent les corneilles
elle l'œil et la chair moi leur bat-
tante hantise !) — Et ces justes noms
d'été d'automne ? — La passion de mûrir
puis de flétrir déjà.

(Jude et Judith.)

Ô beaux silence et absence pour
la chance du neuf Main blanche froissée
de ronces pour attiédir le foyer Yeux
pers selon le lieu verts ou bleus Grâce
des fillettes unie aux terreurs d'aman-
te Voix sitôt que perdue inouïe
le vert vous pâlit le rose vous
émeut si l'on ose vous rêver sauve.

(À C. Z.)

On aime bien les filles dites de
joie mais les autres aussi de pudeur
jeunes filles de caresses aux yeux ri-
eurs sous arbres amoureuses devisant
du bassin miroir à la clairière sur-
prise vos voix de vent et chapeaux
enrubannés vos longues robes d'aube
et d'ombre que les mains caressent
effleurent les yeux par insouci au
déni de vos consœurs souillables
et nulles par terre.

(Le violeur.)

À genoux tête à genoux sur votre
gorge à la nuque effleurante car-
esse ô femme mère devant vous à genoux
me savoir absous de vos yeux alen-
tis de votre main qui me convie quand ?
En grâce votre rémission avant
le saut ultime à l'eau gluante et glau-
que trop tard étreint le seul vert reflet
du fleuve où ne plus en pur désespoir
belle Damase t'adorer.

(L'orant.)

Parmi vos trente et autres beautés
car Dames vos Seins si souvent peints sont
deux témoins parfaits de lente beauté
vos Bras caresses éblouies Ventre un
baiser de ferveur les Cuisses une force
les Jambes infini de nos doigts la
Gaine pudente ombre de gloire et Fesses
plus fin mystère Dos le plus frais
oreiller et ces nattes (puisque
je t'ai) un collier pour fidélité
ta prunelle velours promis ta tête
indulgence inclinée sur ta bouche
rémission du temps — et que ton amant
rien ne soit que souriant miroir.

(Œuvre de chair.)

Redescendant l'escalier complice à
l'hôtel où l'on passe déposer son
fantôme en émoi en redescendant
furtif l'escalier j'ai croisé la
fille brune aux pleines aréoles
aux très sûres chairs et aux bas de con-
nivence accompagnée de jeune homme roux
un parapluie anglais en main ô belle
débauche qui n'est bête qu'après.

(Oui aux filles.)

À M. Deguy.

Solitaire buvant son chagrin dans
la glace le calicot s'ajuste deux
toutes jeunes mariées se reflètent et
mille regards s'effleurent mais une
lectrice de journal est sérieuse
quand bérets gestes et barbe mâch-
oire boiteux et viragos singent
la musique de dieu calme et précis
souvenir.

(Glace.)

À J. Borel.

Je prie j'implore de ne plus être
l'apparence que je suis successif
incroyable à moi-même et demain se-
ra fatigue (après la fête comment
survivre apparence sans substance)
demain sera périr le corps démen-
tant l'âme qu'il déguise être sans
être entre une nature prose
et l'absente poésie.

(Poétique II.)

Souviens-toi que l'innocence a dû vaincre
la pudeur que les bas n'aiment guère qu'à eux
l'on s'abaisse souviens-toi si tu pries
de sans fin prier de craindre avec tendresse
celui qui t'est cher de ce mot : impérieux
de contempler les seigles en beauté souviens-
toi tantôt du sucre et tantôt du fouet
du bouquet de mariée à la fange jeté
autant que du cauchemar au matin expul-
sé ô vérité nue et crue mais ô vive
beauté pour l'homme tantôt de neige le
pur tantôt des buis l'obscur souviens-toi
Mort malheur fécond ou Manon amour d'or.

(Adieu du grand-père Stéfanovitch.)

Sur la tendresse virgilienne passés
quelque dix-neuf siècles d'usure
ce n'est plus ici le Mincio. Les seuls
deux cygnes avancés en âge s'ils
viennent sur l'étang blancs quémander
l'œil âcre de leurs palmes et spatule
aux béats enfants la mie engrillagés
le mâle mord la femelle. Plongeant
grotesques en cul-de-poule ou criant
une fois rauquement ou tuant leur
petit jalousement dans l'hiver
azuré l'étang les renie enneigé.
Ici n'est plus non plus de poète
pour aimer en son îlot là-bas tout
seul le saule sinon qui voit tout
hanté loin Virgile.

(Les cygnes du Mincio.)

Après *donc* trois quatre siècles en cette
venelle voici un néo-poète et
transi que hanta l'illustre poète
du stade et du gymnase et de l'hôtel
jauni où pâle et haute stationne
sa silhouette parmi furtives autres
guettant sa proie. Malherbe est mort depuis
longues années et la poésie des
roses mais demeure sa maison sévère
drapée comme lui du dédain des pierres.
Que là-bas l'Orne d'hiver se mire
d'ombres réfléchissant sa brume dont
le voile les enveloppe jusqu'au temps
ravies qu'elles revoient a-t-il dit
ce pur safran par le jour apporté
de la mer.

(À Malherbe mieux qu'homme.)

II

LITANIES DE L'AMOUR

« *Cours les toutes*
Aime l'unique. »

Proverbe
de Carniole.

Venez maints châteaux nous attendent pour
nous surprendre. Mes yeux savent et ma main
nous pour le printemps vivons rêvons tous
les chevaux blancs de l'espoir au rendez-
vous avec vous toujours du ciel tombée
sans nouvelles. Ô cuisses graciantes dans
la forêt disparaissons dans les airs même
voguons fiancés du vent car Ovide
est mort et nous mourant — autour des champs
des étangs autour les forêts les chasses —
maints châteaux souverains dans l'espace in-
soucieux du temps. Printemps, reste printemps !

(Invitation.)

À Llyward Hen du IXe siècle.

Pardieu il y a longtemps vierge tendre
en détresse tu dis Jude prends-moi sitôt
sous ciel net radieux et ton sang
grand désenchantement puis passa une
charrette à paysans éternellement
ton sourire il y a longtemps pardieu
mon bâton.

(Reverdie.)

À jamais apaisé sous de très immenses
sacrés halliers. C'est ma mort squelette et
si avide qui goûtait les filles
charnues. En grand amour pleurons la cour-
te vie. Trentagénaire est-on vieil
ange ? Cheminée comme une angoisse.
Et les saints du ciel — mais les seins
célestes huitième merveille du
monde beaux comme fesses de femmes.
Tu vois encore vivant, je t'écris
qu'il fait beau et nuit. Tout le monde attend
rien.

(Caprice.)

Serveuse à l'œil de mes chairs aigu tes
chairs aussi plaisent pour ta gorge bell-
iqueuse si coquette croupe et ton
chignon d'enfant blonde comme ta toison
dorée si le soir mutine tu t'étends
aux baisers sursautant quand tu te
voulais servant aux oisifs dans le jour
si pincée.

(Saint Martin partageant son manteau.)

En buvant nous nous allégerons
du fardeau de la ville et des églises
sur les épaules l'un de l'autre nous
hisserons jusqu'aux anges d'empyrée
chère éblouissant ton buste fera
mon désir d'éternité ma caresse
à tes yeux ivres ton guide n'oublie
donc pas ton éventail de charme via-
tique pour entrer au ciel violet
des évêques ton bas.

(Chanson bachique.)

Ma sœur mon enfant tes lèvres je les
presse à l'ombre du palier je vois nus
tes yeux sombrés ta blondeur rayonnant
d'été mon étrange ma distante ma dévouée
sous ce blanc chapeau que tu ôtes de
main gantée *ma* je lisse ta peau tes
seins d'oiseau niché j'embrasse j'en-
lace ton ventre doux je te déchausse
j'adore ton pied tu ris divine incroy-
able que tu sois ma folle que tu vives
fabuleuse touchée.

(Dimanche 4 juin 14 h 11.)

Ta paume baisée pour ces nuits voy-
age Tes retours mais tes départs Un
après-midi de beau juin Ta pudeur
risquée tes jambes dans l'escalier
La chambre stable et le sentier La rose
vivace à ton sein offerte Un midi
de panique Les chiens les chats le soir
caressés de nos mains Ta grâce qui
tue splendeur d'éclair Une rose bleue.

(Rosace.)

Plus unis que ne le sauraient époux
mais comme seulement un sein à la
main qui de lui se sait si loin
mimant sa ressemblance souriante
au visage de connivence je
serai pour toi entends ma caresse
la mer toi la terre de mille flux
assaillie l'esprit pour ta beauté
l'épanouissant de vigilance très
bleue la nue toi — et toi dis-tu seras
pour moi vains pleurs sur l'insurmonta-
ble mort jurent nos yeux bruns et bleus.

(Amœbée.)

Il y a deux jours en promenade
Ce soir vous regarder Toi-même
Les œillets sur la table ont succédé
aux pivoines qui nous sépare L'avenue
aux bancs de grès Cette maison dans
la feuillée où profondément respi-
rer Une chapelle au silence aban-
donnée et au lierre La nuit sans mot
dire Un geste Incessants nous.

(Sérénité.)

Un après-midi de dimanche et mort
que nous ne savions que faire nous
nous couchâmes nus pour embrasser moi
dévotement ses seins elle me goûter
nous lûmes nous rîmes volets clos
seule une oblongue fenêtre donnait
sur les jardins verts ne pouvant pas
grand-chose parmi les miroirs et les
airs.

(Innocence.)

Ma lente ma digne ma parfaite
toi partie pour guérir de toi
puisque femme de la femme guérit
courons voir au large une voile
rouge sur l'écume brève avec la
nymphe au trop de gestes et demain
la vénitienne aux baisers doulou-
reuse mais aux doigts si blancs sur sa
touffe puis le soir même la vieille
aux dents d'or qui vous abîme en l'oubli :
où es-tu où je ne suis ici je
crie haï de moi d'aimer reviens
ma chaste unique entre tes mains
calmer ma face de tes feux mon cœur.

(Absence.)

Tu es l'inspirante la fée à main
ardente la caressée debout long-
temps dans la claire hêtraie de hautes
herbes sous le silence et les oiseaux
tu es la mutine rieuse à la bouche
d'avance savourée tu es la lasse
le soir sur l'épaule la craintive
de mourir tu es la chaude épouse
la fuyante la consentante des nuits
l'embrassée partout — mais dis-moi que
feras-tu de ma mort qui se jette-
ra dans tes yeux refléter l'or duvet
de ton sourire de ton front ? Vieux
serais-je sans leur jeunesse sois
ce que je suis vis je t'

(Portrait.)

Ce pur glissant miroir de nos caresses
la chair la faire taire mais qui luit
trop belle comme la cuisse haut baisée
ou les hanches des femmes adulées
aux ongles de carmin aux bracelets
d'emprunt à tous les fards pour renier
le peu de réalité ? Plutôt re-
plonger la tête au lancinant chemin
creux qui roi rend des trônes purs
longues femmes aux bouches martyres
sûres de nous par ce membre puéril.

(Chair.)

Folâtres tes mèches
nubile ta chair
et l'éclair de la
mise à nu l'essor
de tes bras de boire
à tes mains le cri
en tes genoux d'en-
fouir la face ma
peine aux doigts soumi-
se : ton bas chamois
dévot prêtre m'y
incliner.

(Révérence.)

Barbare toison
obscure lutte
œil chantourné
reins travailleurs
happante gorge aux
seins dressés puis ces
tes mains pétrissantes
losange les jambes
boire à la source
non de bave ni
de sève mais d'âcre
léthé.

(Rite.)

Le cœur te manque
quand tu découvres
l'emblème du sexe
silencieuse violence
tu l'embrasses
ô vagues mêlées
tumultueuses eaux
tu le savoures
purement obscène
ô délices très nues
chavirante t'abats
sur ma face flétrie
de jeunesse.

(Volupté.)

La face pour la grâce
la nudité pour en jouer
contre vous à genoux
ou t'enlaçant adossée
debout palpée baisée
vous étreignant revêtue
vous révérant étendue
te dévêtant à nouveau
à nouveau charnelle
au soir jointe complice
vous penchant vous tombant
de caresses de blessures
les paupières les murmures
les cheveux les aveux
me lénifiant chaleureuse.

(Nu.)

Les herbes et les vierges folles de
sous toi elle est folle de ta bouche
ma l'ivraie à chaque fois vierge ton
dessous ma main sur les pierres et ta
robe déchirée sur tes mammes à
mordre folle vierge des herbes ces
pervenches à fleur de peau bleues aussi
le châle et tes bottes de boue nous a-
hanant en rut en pleurs suppliciés
d'emprisonnante chair.

(Luxure.)

Au temps de ma fureur ôtant reli-
gieuses tes jarretelles ou jarretières
comme dans un carmel de silence
le jour et de nuit mille fois ta
chemise dénudés à la lune sur
le tapis de nos habits toi une
autre ou la négresse assouvie debout
pour plus d'oublieuse gloire avant
homme de remonter à cheval.

(Frénésie.)

Au clair amour du Tasse tâter que
les courbes de Vénus furent telles au
temps d'or jadis sous mêmes mains poudreu-
ses que ma caressable amie buste
ruisselant de forêt cheveux inouïs
sous soleil affolée de souci sa
tête de gloire un sourire de Corrège.

(Fontaine.)

Mon foin vivant symbole de chance et
lucre pour toi qui me fais un amour autre
qu'âpre j'ai permission d'adoucir
tes sourcils en ton jardin d'humbles
jonquilles en ta chambre la chaise
paillée où veiller à la table le
citron de tes mains exprimé au doigt
la topaze et les serins de ta vol-
ière et ton duvet Soyeuse en ton ambre
plonger l'or chaleureux de tes cheveux
tout un été hanté aux pierres d'effroi
ce baiser de blé venté.

(Hommage au foin.)

Comme en ton coffre la servante cherche
à toute pose plus riche parure
— et moi témoin sûr en la glace —
ainsi m'invite ta blancheur à mal-
adroitement ému puis avec habitude
la fouiller et tes lèvres les mouiller
plus suave et plus vite cherchant
des mains aveugles et baisers en son
réduit ce trésor jamais extrait
mais alors derechef convoitable
sang doux tes seins à ma fatigue.

(L'or de leur corps.)

Jeune toute neuve épouse accueille
ce présent de mes yeux : que tu sois
sous toutes faces adorable ma
gemme ma pierre de lune comme tes
yeux ma transparente comme l'aigue-
marine ma turquoise en tes habits
marins ou quand au bal opale je-
tant tes feux tu traverseras mon
attente pleine de cœur au-dedans
que ta pupille se lie à ma pupille
bleuie comme mer ensemble à parcourir
que jamais par effroi je ne te rêve
de jais ni par deuil ni dans la mort.

(Précieuse.)

Chaude froide chasteté d'oiseaux blancs
reçois-moi comme un cygne de plaisir
qui se tord sur ton sein s'abreuvant à
ta bouche au mépris du temps de ses cris
la folie mes deux masques le sérieux
la fureur tombés. Acharné t'empa-
lant sous leurs rires inouïs loin leurs
noms d'amour et de caresses conçois-
nous cette nuit des Hélène des Castor
les jumeaux de notre haine attendrie.

(Dizain de Léda.)

D'abord en tes cheveux piquer la rose
d'oubli loin comme oiseaux tes yeux jumeaux
par chemin boueux ma blonde ma bleue
mainte robe dévotement palpable. Longs
l'amour le silence restent aux lèvres
sous les arbres cachées les arbres dens-
es et verts qui chantent mort subite
enchantée quand périr espérer vont
de même. Une seule en deux âmes en l'amour
couchées sur d'aussi doux coussins que ta
chair. Là ta grâce. Bois maintenant serai-
je un arbre calme ?

(Le baiser.)

Ma pure et violentée pardonne
qu'il me faille encore par souci
de mort en ce terrible été cru
épuiser l'eau de tes lèvres cher-
cher au profond de ton aine le frais
à la brûlure je ne te veux pas
humiliée mais toi pourquoi me ser-
rer à mort gisante graciante
mais pourquoi mourir de nous aimer
en baisers en cris en ces larmes
blanches du corps qui l'assouvissent
après le fardeau de tant de marches ?
Je ne sais je n'ai vu que l'émoi
de tes yeux ton insupportable peau.

(Étreinte.)

Brutal doux serai-je dans le ravage
de ta tête et des lèvres aux baisers
emmêlés de cheveux sur ta bouche ouverte
pour la langue toute prête à l'issue
du lent délice si tiède ton ventre
les bras si violentants si oubliée
de nous la pluie sur l'herbe pantelants.
Dès demain pourtant le giron d'une autre
je bénirai plus aimée que tu m'aies
combattu elle si immobile.
Ainsi merci te dois-je rassasié
de la chair mais recréé pur dévot !

(Le pluriel féminin.)

L'amour à trois nous y nageâmes tels
vagues l'une à l'autre s'enroulant moi
votre gai prêtre nu que vous lustriez
de vos caresses et vos rires riva-
les embrassées. Car c'est le nu et le
rien et l'amour saint des nues des pluies
des vies et de la terre que nous priions
sous l'été en triple messe des cœurs :
la fugacité des nuages la
fluidité de l'eau les égaler
en vouant au dieu vos lèvres de sang
l'agonie de vos yeux.

(Messe blanche.)

Prions ma très chère sœur avant de
nous livrer au lascif manège que
belle demeure ta jambe de profil
que ne s'usent tes lèvres ni les au-
tres qu'elles ne s'assèchent pour trop
avoir brûlé de ma charitable flamme.
Grâces rendons après de recouvrer
nos yeux indemnes pour nous étonner
nos mains pour appeler la voix (souffle
tantôt coupé) nous savoir toujours voi-
sins de veuvage. Puis debout — ainsi
reconnues les trois positions mères —
saluons la rebeauté du ciel.

(Secrète.)

Du poids de ta beauté pour à l'ombre
m'alléger sous la futaie s'adoucissent
— dont le dur émail au jour me transit —
tes yeux tes seins jaillissent et tes noirs
atours ne m'indignent plus déchus
tes bras à ton masque rebelles si-
tôt tes lèvres mangeuses et ta hâte
d'être indigne qui me cherche le membre.
Autant debout défiante tu me pe-
sais que vautrée je te libère au sol
chienne d'amour priée.

(L'écueil des veuves.)

Fenêtre mi-close sur la vie joue
de tes mains la médecine à la dou-
leur moitié plus mienne qu'ensemble
épouse et maîtresse la musique
qui augmente l'amour protégés
des maisons des saisons de tes doigts joue-
nous par le vase et le tapis unis
fidèles emplis le miroir d'oubli
déjà nous voulant défunts mais calmes
miracles avant trépas l'ancienne
(ô Smyrne) fillette si augurable
l'enfant brun cru si morose absen-
tes fleurs au monde.

(Musicienne.)

Marie des joncs et des surprises
Marie ton nom simple à répéter tout
près à t'appeler ta bouche fraîche longs
tes cheveux sous chaudes hanches ta
gorge égale et dorée de soleil Marie
seins onctueux à l'agenouillé qui
dans une grange t'adore en soirée
d'été (long baiser lent comme les longues
digitales à l'entrée loin planant des
ailes) fragiles tes bras et jambes
blondes sur la paille s'ouvrent comme
de leur odeur mêlée je m'emplis comme
de la bouche aux entrailles tu m'atten-
dris Marie tes fous yeux Marie et tout
l'oubli.

(Amour des Maries.)

Pour tout l'immobile après-midi
parfume-toi d'œillet d'ambre
cercle ton coude d'un bracelet
d'un collier évase ton cou bleu-
is tes paupières et avive
ton œil pare tes lèvres de
sourire rehausse tes ongles
pour la fête nue revêts-toi
de ta plus vive candeur une
dernière fois nous serons l'amour
avec nos mains nos bouches et
notre cœur avant que demain
je ne parte pour le désert
sans femmes vivre chastement
rien moins qu'un an.

(Satiété.)

Au dernier jour que ne vienne nul ange
sauver d'infecte rage ayant pour
néant vécu celui auquel échut
funeste part. Là-bas fuir seul disent
le poète le sage vers le Seul
comme par exemple dans une cellule
de béguine à la cime de soi-même
vers le Bleu du monde l'immaculé !
Pourtant l'inconnue qu'elle soit là
compagne à réfléchir le jour ou
résumant l'ombre que proche enfin
elle assiste y relevant la dernière
mèche au fatal naufrage de l'es-
pérance.

(Gardienne.)

III

REDÉVOTION AUX IFS

Quelques personnes sur la terre,
quelques autres dessous.

Ém. Deschamps.

Orgueil en tête de n'être autre que
soi-même — ma robe d'or mon paon sur
main juché. La Luxure aux seins de plus
belle provocants foudroyants. La Hargne
qui fustige les hommes de vertu
fausse — les superstitieux des cieux
les héros en bêtise les moraux
par inanité. L'Oisiveté enchan-
tée de n'être pour rien née aux fesses
inscrites : Horreur du travail. Le Rire
vengeur sur son fringant cheval hongre.

(Des cinq vertus.)

À Lézin.

Comme l'indien Lézin refuse les larmes
la pitié te nuit comme l'indien mé-
connais le rire le rire défigure
comme l'indien fais silence devant
l'hôte la parole te dégoûte comme
l'indien disparais apparence que
tu es comme l'indien fais brûler
ton cadavre afin de jamais n'avoir
vécu à ce monde rends justice comme
Lézin l'indien.

(Race éteinte.)

À Gertrude.

Enfanté-je un dieu c'est pour mon déses-
poir je tiens en laisse le démon mais
en la montée de ses caresses espé-
rante encore si je suis aux anges comme
les vierges ou repose la main qui me
protège c'est le cœur grave ou bien
de songes habitée oui j'allaite
mon enfant mais contemplée de soudards
oui me baigne mais épiée de vieillards
pis quand je désaltère mes amis
écoutant leur colloque à eux je reste
étrangère certes je me fais belle
— en haine des désirs console Judith
ma fille — toutes deux anxieuses lors
me laissant violenter par trop dépos-
sédée.

(De nos compagnes.)

O bouche ouverte comme fente offerte
pour jouir plus pur gémir plus long
O prostituée par le fouet consacrée
souillée de sperme et sueur O dans les
cris dans les larmes O toute ouverte
tu offres ta douleur remets ta vie
témoignant d'amour atrocement
raciniennement catinisée.

(Sainte O.)

Que la main de femme
de luxure me guérisse
que le rire de l'imbécile
me guérisse de la superbe
qu'un sommeil vivant
de l'ennui me guérisse
que l'universelle mort
me guérisse de la haine
que le triomphe du vulgaire
de la colère me guérisse
que l'innocent suicide
me guérisse d'avarice
que je n'incline à rien
qu'à n'incliner à rien.

(Exercice spirituel.)

Tu es toutes les femmes et les poses
certes dont flatté ton œil se ravit
mais ce que tu ignores c'est que tu
n'es que mort à ta bouche mordue le temps
en ton sein oublié dans ta caresse
retrouvé l'heur de n'être jamais né.
Voilà pourquoi aimée tu es haïe
dans la supplication déjà fuie
dans l'abandon vengée déjà mais
dès après repossession déchue. Tu
n'es donc toi ni autre mais femme
l'humiliée avec ce front d'être
seule aimée mais non pour soi-même
celle jonchée qui triomphe superbe
se perd beau résumé de vie de mort
lutteuses.

(Aux Didons.)

Pourquoi dit-on va donc au couvent
à toi la plus affriolante pourtant ?
Lâche et molle et mièvre aujourd'hui
c'est pour toi demain avant après
tu aimes jamais au moment même tu
fuis (ainsi ta langue aux baisers) à vingt
ans ne sais qu'avoir vingt ans plate prude
au prix des mères mourant d'amour a-
moureuse non soumise : donc l'important
ne fut que t'avoir eue là-bas sur l'herbe
au fort de mon prurit enfreint ce seuil
avarement clos donc : va au couvent
(ou mieux noie-toi).

(Aux Ophélies.)

L'éphémère mais non l'éternel
disaient tes yeux qui seul m'ont délaissé
comme moribond comme flasque cadavre
un défunt ou bien comme un pur mortel
arpentant les rues des métropoles
des nécropoles — entends cette
rage de mots — ou pour tes beaux yeux
de beauté soucieux tel Ariane
(ainsi sois-tu le souhaiterais-je
malin) sur son roc déshonorée grêles
membres maigres jambes seins secs
abandonnée comme le cœur de ce corps
à tous vents à tous temps.

(Déjection.)

Sexe et cœur battants drainant la mort
profanent semblablement l'impie
avec une fille mimant l'amour
non celle que proprement l'on paie
mais une qu'on paie de fausse monnaie
l'écœurant sentiment. La nuit sous honte
on ira la déshabiller la car-
esser jusqu'aux jambes celle qui
vous aime pour s'enfuir sans mot dire
inutilement accouru sous l'aiguillon
du temps. D'animal se délivrant il
fallait se purifier mais autre chose
se voulait que lutte et plaisir quoi ?
Ni la passion servile ni la débauche
qui reste drame ni cette tendresse
piètre mais telle chose inconnue
ni l'amour ni le plaisir mais toi
que je pressens pleurant sous la pluie
chaude charité.

(Le rut.)

En belle période de chaleur
vois-je chien grimper haletant sur
sa chienne je reconnais la tristesse
là de la nature. Ainsi sourdement
il en va du sexe égayé de sourires
d'enjolivures diverses. Suffira
une minute de sentir ses yeux
rivés à la femme en rouge aux pleines
lèvres pour que s'ensuive le reste
montée d'escalier chairs apparues
de doigts tentées innocents et la
hantante soif de bien de mal de pur.
Payée la délivrance on s'en va
au chien triste semblable qui se lèche
soulagé dans l'après.

(Ressassement.)

Par pitié qu'on me donne du temps ! Mais
où sont des instants non fuyants ? mais où
êtes-vous beaux signes du temps vous là
filles présentes Denise aux mains trop
rouges Agnès aux pleins mollets Viviane
la sylvestre et la funèbre Margot
la chatte Irène la langue drue d'A-
gathe Bora ? en quel pays de gestes
en quelle année de règne ? où vos yeux quand
on vous hèle ? Mais où sont les moments
présents ?

(Du temps présent.)

Lui le roué rouez-le de sa morgue
il est le sec le froid le mélancolique
de ces faux poètes d'amour affolés
un fou aux vingt médailles d'illusion
— gloire amour écarlates opulence —
brisez sa hargne rompez ses membres
puis au vent vous jetterez ses cendres
le privant de la myrrhe et l'aloès
qu'il eût voulu embaumer son corps l'im-
mortalisant comme œuvre d'art sa
blême faillite.

(Le fou.)

Virulents j'entends les vents de Néant
l'infecte pluie j'essuie je vois traî-
nants lambeaux des cieux pressens la froide
pierre murant les blancs ossements et
l'orage et la grêle et la nue et la
tombe assaillent ce corps par l'ouïe
les yeux la face le cœur moi-même
constamment répudiant d'être né à
périr comédien entre-temps du rire
et de l'honneur par horreur et de
l'horreur par honneur.

(Déni.)

« Écoute jocrisse une fois
mort tu seras lu par d'autres
morts comme toi se figurant
vivants. Or qu'ils vivent éter-
nels comme des frustes se cachent
de la mort en une tombe que
déjà ils remontent le fleuve
de l'âge car le temps ne fuit
pas il se blanchis comme
cheveux d'épouvante préci-
pite » dit la Muse la vieille.

(Postérité.)

Tu portes ton squelette en toi déjà
déjà ton squelette gesticule en toi
je te parle face à face en la glace
dans ta voix la mort vibre déjà
sans cesse ton cœur bat la mort
frère du présent souviens-toi
chaque jour creuse ta tombe
la face au ciel fascinée rés-
iste en ne résistant pas souviens-toi
jamais n'avoir vécu adieu l'artiste.

(Memento mori.)

À Ostrapova village de Carniole
revue l'intacte église d'enfance
où sont graves les gens et l'orgue
consolant pour déplorer leur être
cher qui naguère marchait parlait j'ai
sur moi pleuré et les injures du
sort. Que demander pour celui qui
peur aurait de revivre sinon vrai
repos éternel du cœur sinon le bon
baiser de la poussière ? Ici-bas
pour vivre avec la mort il faut se
terrer parmi fleurs sereines et murs
d'aplomb.

(Communion des morts.)

Je te lègue inconnu avec mes vices
ma vertu et mes ossements. Mes vices
pour désespérer de mourir vivant
furent l'ennui la hargne et le rire
(dors donc enivre abêtis ta carcasse)
ma vertu un sourire de jeunesse
le culte des filles et ce crachat sur
l'humain. Quant à mes os blancs qu'ils te
prouvent que je ne fus comme tu nais
que chair animée voix émue d'organes
telle que cri de chien se perdant au
vent.

(Testament.)

Progressivement a disparu le
soleil soudain comme arrive l'iné-
luctable après le temps après l'amour
à la mort même à l'ouest une ligne
de peupliers où les nuages font
longue ombre verdâtre et jadis des
oiseaux volaient-ils déjà au ciel ?
Maintenant on la réentend la riv-
ière lentement le brouillard s'épand
chaque jour pour moi changer la rose
adieu aux mots tels gravats et saccage.

(Congé.)

D'une balle en plein cœur ou descendant
à l'eau ou encore décisif pen-
du ou mieux par excessifs ivresse
orgasme la seule idée en fera
durer mais non par sordide vieil-
lesse ou maladive fin avec
ultime bave et l'iris torve après
quelconquerie de mille neuf cent
tant à tant.

(Mort de soi.)

Entre curé et bourreau toujours l'agonie
se produit à trois heures après midi
nuages fixes sur face convulsée
à la croix du corps vomissant le fiel
rendant le cri de naissance pas beau
à voir sans Marie-Madeleine ni
mère mais ayant bu du vinaigre. Tout
est aigu et vif comme un clou. Ombres
vont et peur règne.

(Ecce homo.)

Le même qu'en solennelle soirée dans
la paix entendit immobile Gray
des jeux d'enfants dans l'escalier dans
leurs chambres enfumées le sérieux
des putes jouant aux cartes à marée
basse et désenchantée quelques iris
morts de mai de la beauté de mai les
chenaux comme sa tête endormis un
portrait de mère et son miroir
déjà relique.

(Glas.)

Au tombeau quand on dépose l'être
pur il s'agit d'un malheur le plus cru
du monde évanouie sa vie passée
comme la mère l'amie ceignant sa face
l'amante en son voile s'enfouit la sœur
lui baise les pieds brisées comme
veuves de son âme et le disciple cher
remplace son corps filial d'antan
mais derrière eux invisible en sa pour-
pre colère son double son frère aux cieux
montre épines et clous : sa douleur son
amour sa mort !

(La mise au tombeau.)

Quand nous mourons vous et moi déposés
à plat comme dans sa boîte un pantin
se prosternent toujours près du porte-
croix ou crêpe verticaux et dignes
deux femmes en deuil — la mère vous a
porté chéri la sœur — pendant qu'est vanté
par un clerc le défunt aux mains croisées
ne prouvant plus le ciel n'entendant
plus le vent funéraire n'acquiesçant
plus au monde des maisons et silhouettes
volatilisé.

(L'enterrement.)

Parce qu'il pue déjà parce qu'il se fait
encombrant parce qu'il n'est plus des autres
pleurants serrés vivants parce qu'il est
de l'ombre et du gel trois jours on le garde
(ô cris des pleureuses de Sicile trop vrais
noires autour du corps blanc innocent)
et puis on l'adresse à la glaise mi-vif
mi-mort puisque encore se ressemblant
le *cadavre* sans nom afin de devoir
lui survivre à la lumière banni hors
ville peu visité de regrets décoré
éphémères.

(Cadavre.)

Vous qui survivez les encore de-
bout sur nos cadavres ne venez pleu-
rer ni patelinement vous recueil-
lir trop tard où ne germe pas même
un grain d'éternité n'ayant nous-mêmes
été qu'une fois au sol tombés dé-
livrés des vivants pullulants et de
toutes sublimes sornettes. Pour
mémoire une croix pour vérité
le vide entre boue et nuées béant
pour amour des abois perdus à la lune
des hiboux narguant l'éternelle aube
des jours. Ci-gît qui fut court temps
debout avec son rire.

(Tombeau.)

Persistants cyprès sur les ombres qui passent
arbres du vrai droits comme l'if votre frère
plus gai de baies rouges de beauté moins sévère
veilleurs pour les siècles dans les vents menaçant
de vos doigts de la mort ! Cyprès du nord sans
cigales qui chantent la joie d'être mort mais
dominant indifférents sempiternels l'horreur
une fois d'être né ! Longs ifs des terriens
cimetières beaux de rouille et d'ineptes dates
de gravier doucement foulé et coiffures pieu-
sement ôtées en fuites rassurées ! Protégez-
nous du vent et de la mémoire !

(Ifs et cyprès.)

Au champ du repos en l'arpent de X
maintenant qu'est morte toute parole
ma voix d'outre-tombe éparse parmi
herbes et cris de vent crie n'avoir pas
vu le jour ni d'enfance vécu (la
rivière la côtoyant les fleurs les
épelant) point fouillé jusqu'à moelle
les belles en leur chair (ô cheveux et
yeux du temps vivant) ni conçu la pa-
nique du temps qui s'accélère (ô jardins
repos et les épouses) je n'ai pas
suffoquant expiré vite redevenu
criants l'os la poussière.

(Limon.)

À la Vieille Parque

« et maintenir la gravité
jusque parmi les simples herbes »
Marbeuf

I

DÉDICACES À LA PARQUE

à la Forge
quand on s'arrête jadis comme Arthur
on ne flaire plus la serveuse à tétons
mais le pavé resté rouge crevassé
sous chaises et toiles cirées havane
un cendrier citron supporte ses mégots
quand la chevrière parle du ciel
ce sont les giboulées de mars sur
les feux dans la plaine qui crépitent
on a de l'âge et plus de trente-sept ans
sous la garde des réclames Amstel Spaten
dans un ferme ennui à la forge on écrit
à l'enseigne « La Vieille Parque » Atropos

l'Ivrogne festonne en chemin
chantant : la Vieille Parque la vieille peau Poésie
saisi de vin fumeux il crache ses pituites sur
les femmes à face sexuée
entre leurs faux âges
(béantes lèvres, œillets mammus, toison velue)
puis il fume sa mortalité enchanté des frimas
en folie d'amantes sur son chemin gâcheux
mais la nuit de sa mort la rosée figea
son refrain : vos seins, madame,
qu'elle brandisse son plat, allaite, suce à genoux
elle se répand partout
elle ne se rêve arbre ni ne guerroie ni forge
lui, changera son nom d'angoisse en fureur livresque !

arbres blancs arbres de mai vos
roses en beauté vos neiges explosent
hâtivement comme ausone et malherbe
qui morts têtes sans force dans leur nuit
foulent le pré des blanches asphodèles
la Vieille Parque parmi les ruines y
trébuchant ramasse leurs derniers mots
les ultimes joyaux avec un râteau pour blason
si nous aimer dressés diffère de couchés,
Euphrasie, beau prénom à prendre à f...
une petite croix endeuille ton nom une
tombe fraîche cueillons vite la nuit
un chien nommé Vieux Soleil y signera
le ciment de sa pisse arabesque en
nitchevoque alias carpe diem

ou Fileuse ou Inflexible ou Fatidique
restent les Filandières
les Parques ne nous épargnent les Moires
n'étaient-elles les trois sœurs bien-aimées
tchékhoviennes stéfaniennes filles de la Nuit
devenues bigote cagneuse et voltairienne
la Parque t'a tu la Vieille la boiteuse qui
dans les champs soudain feint de ramasser
en cachant ses ciseaux
et l'une m'écrivit et l'autre m'accoucha
aussitôt que la Par, la Parque à filets d'or
ô dures tendres Sœurs
donnons-leur une boucle de cheveux des fleurs
amadouantes puis nos cadavres
pour les trois temps de notre pâque, aux Nornes

la Vieille parque ses ouailles le soir
        ses valéry ses thomas gray
coupables de jeunesse ou douze géantes
        elle n'aime ce qui ment
elle grommelle en les poussant au pilon fatal
à l'heure où déjà Daphnis se fane que
les Alamans coupaient la main des enfants dans
un cri de blake contre nos jours en danger
où la pierre s'écroule pour s'éterniser ruine
            du haut des siècles
            avec mes encres riches
— un peu degas trouvant son lieu au foyer
de la danse comme X dans son bordel de glaces

le temps est un rat
quant aux oiseaux rythmant leur espace
scrutez, mesdames, l'aigle huppé le faucon vespéral
veille plane le héron pourpreux ou le motteux
femmes d'amour de rencontre
vieilles suppliantes ou nymphes à l'agonie
aux belles envolées dans les draps et l'oubli
l'araignée égratigne votre sommeil
en passant par les clairières
dans la solitude avec atala récitons nos dates
aux Heures saisonnières amies des Parques
avant notre noyage :
« le 2 décembre le 4 août et le 18 brumaire
février 36 mai 68 et juin 40 ou la nuit d'octobre
les massacres de septembre et les ides de mars »

à toi Parque je me livre
à toi la parque dernière de jouer avec
osselets et dents miennes
Lachésis était vierge comme l'aube, Atropos
sera juste, et Clotho tranquillement fila l'ennui
que le vert alors m'apaise
le vert des herbes et des feuillages et des ombres
que le suicide me comble, mais non, seulement
être plus calme, plus seul, et mieux mort
et nous les os
crions à vous qu'encore nous assemblons
à vous les charnels nous survivrons
grâce à nous béatement qui posez
sous un puissant groupe de hêtres
avant de vous casser fémur ou tibia
dont notre commun crâne sourira
soupesé par un jeune philosophe

Ô membres épars de la jeune parque !
sa main brisée m' ses terreuses lèvres
me hurlent ses pieds plus ne fouleront
les asphodèles
et ses seins glorieux pendent desséchés
(« dès lors nos yeux morts ne liront plus »)
au premier jour printanier quand on urine
paisible loin les couples patinants d'hiver
encore chanter leur corps leur mort aux belles
aux yeux ciel mer ou fer
un nom nous fûmes chevauchant une ombre
à la grande-laure penchés comme un Sabas
du blanc ypréau méditant les fragiles cimes
aux trembles à feuilles d'or
en toute capacité de ses yeux avant qu'
aveugle il tâte le charbon

Vous à la mémoire fidèle
ô Parques ne vous transformez encore en Furies
les trois Mégères à peau noire et sanglantes larmes
dans leurs loges ferrées
qui scrutent nos cœurs ténébreux mais soyez propices
à qui n'abusa que du vin et des livres en pur délice
les Filles trop goûta vos douces dures consœurs
donnez-moi de voir encore animaux et fleurs avant
l'impossible résignation
avant de m'ôter d'entre les tristes hères dont
ne blasphémai qu'un faux dieu
protégez-moi des Harpies que vous n'êtes à la fin
m'enveloppez dans une laine chaude
contre l'infernale glaise puis
à mes côtés déposez l'ouvrage où
j'appris enfant à les aimer dans leurs noms
Alecto, Tisiphone

II

DIX HOMMAGES

aux Slaves

avec l'indifférence d'un cygne s'épuçant le cou
mais aussi dans la juste présence palmée blanche
à telle heure sous l'absurde ciel votre cristallin
(et n'en est-il pas assez, ô fuite du temps,
sur la nef des croisades sauvés de l'oubli
        des poètes morts à tout âge
        Kosovel, Zupančic
par luxure livresque dans un donjon de médiocrité
à fourchon sur leur chaise fiers, tranquilles ?)
reflétant la mer grise écumante monosyllabique
        amour de cendre vert
        mené au train du diable
ah que mollisse le vent, que l'hiver cesse de
        tenir en otage l'automne

à virgile

Vergilium me de te ipso dixisti
calmé ou calciné d'amour ce n'est
la même chose dit l'indifférente voix
des morts par ma bouche
au chien fataliste qui feint d'acquiescer
aux confidences sur la grève
une odeur de sauvagine
par saute de vent
avec sa chance sans âme
il ne conçoit pas la mer
qu'il va perdre son maître sur suicide
écœuré des femmes traqué d'elles —
dès lors sa passion d'arbres, Charles V
au rose équestre, les insultes au lit,
en juin ses seringas, son air soldat ?

au dante

un damas rouge dans le miroir convexe
sera tout ce qui reste de nos vies ô
dieu qui tues tous les hommes d'en haut
dans ta cité de Dité tu auras le choix
          violent contre soi
il hantera un arbre dont les harpies
        j'en connus de terrestres
arracheront et feuilles et rameaux
          violent contre toi
dans des sables se verra enfoui brûlants
        ayant bavé de salacité
dans un fatal tourbillon sera entraîné
selon ta justice de fanatique si
admiré des peureux et sans-génie
il rêvera bolges girons et autres zones
          violent contre l'art
subira la pluie saloperie de feu
          violent contre autrui
plongera dans le fleuve au sang bouillant :
sa haine n'en étant que plus criante !

à louise

À Parcieux en Dombes le 25 d'avril
Au nom de Dieu Amen disait Louise alitée
mais moi félon de moi-même si je me
tue plus tôt que l'âge, le temps, la
flèche au cœur soudain fichée plutôt
que l'inutile mort si je me pends par
les pieds comme le 12e tarot à l'en-
vers pour enfin lire le monde à l'endroit
à l'espagnole si je m'ultimise droitement
          par nuages élevés
        en moins de mots que de sons
à toi penserai-je *à soi* qui fus *belle*
telle femme émergeant des flots pour
          un sourire aux dents
        en mes bras, nous bénir ?

à malherbe

(

une joue de temps maussade
et la mort mot qui revient
au premier blanchissement de l'horizon
ou sous la pleine lune inscrite par
le poète brochant sur le tout quand
il serre dans un spasme ta cadenette
sans regarder à tes genoux
cachés à l'ombrage des jardins
nous prémourant sous le ciel
en style chaud : sous le change des saisons
ayant rendu visite aux deux frênes
dans la fougeraie capiteuse en septembre
puis dans les commodités
chantant toute innocence

à eugénie de guérin

Il est dimanche ou dernier décembre,
enfoncée dans les tombes,
froides pensées dans les lents cortèges
au rivage des morts l'enfant assis
contemple un chien estropié la pluie
harcèle les toits comme nos tombeaux
âme qui tombe
poids de terre
cœur le plus mort
soupirez-vous emmurée dans vos jours
au Cayla décharmée comme l'arbre un
troupeau changeant d'herbage me dévisage
après un siècle et demi dans l'espace
chambre d'évêque à présent emplie de pommes de terre

le fameux V.H. (« en montant les marées »)
hugo le *pensif* songe sous les embruns
à 23 blessures si succomba César (dont
une seule mortelle la deuxième) et Odin
sentant venir la malfaisante vieillesse
neuf s'en infligea depuis tout son âge
gercés ils se retournent sur leurs amours
observant de leur banc chêne et tilleul
                    sous l'effort de la tempête
les feuilles tomber comme fleurs sur
Philémon et Baucis leur jeunesse qui
n'emmènent plus leur squelette aux champs
poursuivre les bestiaux enfuis aux défens
et leur chair s'écale jusqu'à l'âme des os
ressusciteraient-ils avec leur sacrum
car il aime Ovide et les rimes, il pensa
beaucoup au temps de son cerveau 1885

à h.m. †

dans la nuit, la nuit (qui) remue
les souvenirs les brasse en rêves-réveils
les meubles bâillent
déjà ils veillent
massifs, profonds miroirs, avec leurs bras
attendant le gisant
cerné de portraits dans l'ombre qui fixent
ses pieds cirés
qui crient au silence et au meurtre
dans les cloisons dégringolent les rats
un Espoir au passé une morne Consolation
deux bougies vacillent
au-dessus des tapis sanctifiant les pas
perdu le temps du cœur
qu'il repose en chose
les chaises vaquent le livre a oublié
Celui qu'il fallait lire en maître zen

à giacomelli

à Lourdes, comme à l'asile, aux abattoirs
les miraculables s'alignent en dortoirs
pour guérir la sale maladie la Vie
les miraculés debout pour eux prient
un dieu douteux né dans leurs neurones
partout pullulent des hommes en noir-
meurtre et deuil cortège lamentable
parcourant le charnier pitoyable où
passe un glabre mutilé dans sa poussette
que tire un bipède gracié provisoire
tête en bas ils attendent le Très-Haut
choisir chacun sa guenille unique
pour un prodige qui défierait l'art
lourdes sont les affres, légers les cierges !

à tous morts ou 1984

aux chiens du soir répondent les étrons matinaux
    quand l'haleine se dit des vents
    la bête est sur ses fins
    immobile aux coups
    un débris des halles
apaisé comme un qui urine entre cerise et rose
sous l'horreur nue de la troisième heure
enlisé George dans tes idylles bergères
les moutons n'ont pas froid à brouter blanc
et chaque année donne leur mort aux noms
    Foucault Michaux Cortázar ou Magne
        le lexovien
    ordure du cœur, ordure de l'être
mes doigts crispés aux robes-cuisses mères

III

TITRES

généalogies

et je dis merci à Marie Loquet aux
robes en laine pour l'Espagnol et
je dis merci à Scartanezzi à Trieste
pour le Latin à ses lunettes cerclées et
je dis merci à miss Hardwick (sheep et ship
sous la pergola) pour l'Anglais et merci
à George et Trakl dans le texte pour l'
Allemand et encore merci aux colères
du jésuite Thébaldo pour le Grec au bleu
fascicule en verbes irréguliers et je dis
merci à mademoiselle Odartchenko pour le
Russe son maintien de vierge constipée et
merci à Racine et Littré pour le festoyant
Français

équinoxe

lourde pluie fine infamante au plus
boueux marasme nous enfonce courant
le désert des villes peuplées au
rendez-vous avec la sœur laie
dans le cellier ce dimanche de revif
pour y guérir mon sourire blanc
en ôtant avec émoi son corps de jupe
en caressant la coupe de ton visage
pour noyer soucis chagrin à coups
de griffes comme on répute le jeune Gordien
user de 22 concubines et 62 000 volumes
            aimer, lire
parcourir vos chairs, goûter à vos pages

la lise

... et puis l'automne va nous pincer le cœur
l'hiver transir blême désespoir après plein
été des luxures vite enfui le printemps en
blancs regrets fleuri à savourer ta balèvre
                ,mon amour — ma haine,
après la rixe se fait plus douce la rage
sur nos deux visages qui chaque jour fuient
                peu à peu tombant dans la lise
                sombrant peu à peu dans la lise
sous la scie des hivers les abois de chiens
crevants dans la désolation d'un grenier où
passent en bas les bicyclettes par vos yeux
la guerre approche les arbres gisent plus que
                démembrés décimés
et tous ces corps malheureux qui sont seuls
en chiant dès le matin sur les chemins de dieu

clivia

a refleuri le clivia comme aux temps disparus
            prie, pense, lis c'est-à-dire
(car un court mot percera mieux le temps :
            las, feu, chance)
songe à l'heure scrute le ciel déchiffre
            tout désastre
ah ne devons-nous à genoux nous jeter à
            la chute de janvier
un matin quand se quitteront nos geôles glaiseuses
pour bientôt resaluer dans le vin Mars
            après la neige suffocante
            mois premier mois guerrier ?
À ta croix nez-lèvres mais ta bouche
haleine d'ail refuse ma caresse aux
            ongles trop longs
au tableau son enfant a écrit : le chagrin, la vague

à vous fleurs

avoue ton goût des fleurs du temps
aubépine invitant à prudence
jonquille mon renaissant désir
tes mauves : l'artificieux pétunia
la rose est la plus riche la tulipe
c'est la turque enchanteresse volu-
bilis et lierre trop vous enlacent
ô géranium rugueuse simplicité
et que nous protège le mimosa
l'œillet sincère qu'offrent les poètes
en baisant la main de l'hôtesse
    glaives dits glaïeuls
    camélia règles

mars

salut printemps
en fleurs nous nous ruinerons
comme vieillard couché dans son lit d'enfance
la chambre et la nuit répéteront sa tombe
en train de rédiger un poème à l'imitation de soi
au matin les tulipes ouvertes
j'ai donné mes biens
ne hante plus la femme
j'attends le mieux,
finir ses jours

bordeau

portant beau les voyageurs de bordeaux
qui reviennent de faire l'amour hâve à
travers vastes paysages dans les gares
surgissent chacun se réfugier en sa détresse
avec toutes les ombres qui vécurent dans
leurs masures ruinées toutes portes
ouvertes à la gloire je me suis signé
au renouveau d'aimer dans la chambre d'hiver :
mais un chat crevé au château incendié
comme un coussin posé dans la tombe du penseur

génitifs

ô forêt hercynienne
leurs statues d'argile tomberont plâtras
eux les faux glorieux 80 les S les K
aussi vrai que se nomment quilles les
parements à ta robe
donc qu'on me défende des mouches puis
des vers ou des cendres
puis de toute mémoire —
tu te consternes ?
mais c'est nuls qu'il faut arriver à la mort
et j'aurai eu ce plaisir de voir enfourner
ô jadis Nestor dont descendaient les paroles
flocons l'hiver

portrait double

ma voix de seul à solitude avare
sous tes yeux lourds
par moins vingt degrés ruinante misère
mon sourire d'aveugle rêvant aux couleurs
quand la mer *laisse,*
nos faces adustes dans le noir buisson
des enfances l'oubli au fond du miroir
tes oreilles alourdies de joyaux y
surplombant la vague des étoffes une
jointée d'eau pour ton visage matinal
et je lisais elle au clavecin
sous le caisson dormait son carlin
rousse et noire d'habits le cercueil
loin au fond de nos destins

détail des dames

elle, corps lumineux
lui, bague d'un pape
il écrit à l'ombre à la lueur de sa compagne :
« le vent agite l'étendard »
selon qu'il est vif encore
ou déjà se survivant :
« la mort sera la fin de ma mort »
comme chien aboyant après des draps
que deux servantes tendent en succombant
dans le pur vide
ou des voleurs nocturnes de fleurs
les femmes n'y ayant affaire
à la froide débauche

le perruquier d'Emma B. ou C.

par la brèchc aux loups à la main la marquise
viens strident sommeil visité des veilleurs
fumant corsé de pied en tête en passant par
la cape en lents après-midi derrière paravents
et stores les amants se jouissent sous l'œil
rouge — Priape épouvantail des vierges et oiseaux
en sourire consterné de plaisir
à suivre à sept le cercueil
handicapés les arbres s'encrouent
à leur proche comme on aura nommé
mer lc mythe des eaux
ô solitude d'un homme assis sous le couvert
du hêtre pourpre ou pleureur

pédiluve

à mon secours viens
voir les oiseaux éployés vers le cimetière des cœurs
dans ton jardin actuellement mort le tulipier vers
moi comme un forçat enseignant la musique comme
religieuse saute à cheval
en style animal sous la voûte ébranlée
toi l'aimée dans un baquet
pour mieux loin de nos yeux la contempler
debout à l'évent des lèvres la flatter
puis au sol l'évaser
succombée dans les vapeurs de buanderie
elle va laver tous nos chagrins
moi embellir son teint de vieille
à la chair encore taffetas
S.O. Sainville

vulgaire I

vrais morts ô suicidés
personne n'osait imaginer, maîtresse de langue,
sous votre soleil et foi candide l'enfer glacial
le gel des glaises profondes aux peaux marbrées
quand la mort aboie partout aux vitres
batterie soudaine en la rue
mélopée finale des cantatrices
et tous vos ersatz ici-bas en éternité :
avec mon nœud mon membre avec mon
elle subit maints coups
décédé crapuleusement
dans les chiottes à Conches en sortant
à l'aire des vents
chandelles à la main pour chasser l'hiver

vulgaire II

pisser, dormir
dans l'août vide qu'arpente l'ennui maître
jusqu'aux traces de limaces
sans impatience d'amant
au plus bas des nuages qui dédaignent
entre arbres et église
les gestes d'un qui boit dans ses habits tristes
les prés les moissons et les grandes plantes
en vert Loire en glaise-sang ayant soif
ivrement d'une vierge mère
grandes hanches harmonieuses
fleur qui marche vers les grappes du catalpa :
mais qui réveillera ses paroles gisantes ?

filles latines

des agaves des molochs
des étreintes fougueuses de crapauds belles
comme Agrippine fuyant à la nage au Lucrin
puis « frappe au ventre » dit-elle au centurion
mes toits percés
mes carreaux fêlés
mes murs lépreux
mes rideaux crasseux
mes lilas ulcéreux
mes draps souillés
mes plantes crevées
intolérant comme le chardon
emportez-moi, choléra, vers
le cimetière de jeunes filles cher à F.P.
en haut les spectateurs
au mépris de sa renommée

bachique

ce fut le retour des chemises, ma louchonne,
            la mort en lansquenet
inexorablement qui entrouvre ton trésor
            de son os tibial
ma folle aux bijoux qui aimais Goetz
et le vin tanique, boisé, à robe grenat
rond en bouche comme ta langue velours
sommes-nous vivants ou morts dans ce lit ?
serons-nous morts ou vifs au cercueil ?
interroge nos yeux la coupe levée
            ma rosée, mon éclair
            je t'apporte mes crimes
dans l'absolu langage d'anges couchés

le beau sexe !

suspendant sa lecture
brûlant à l'orée le fauteuil familial
où ficaires et pervenches avrilent l'herbe
dans l'allée volettent deux blanches piérides
sous l'avertissement obstiné d'un pivert
aux amants que là n'est point leur lieu
à la sieste de la sixième heure tes fesses
de Grâce, puis pendu au cou le foulard maternel
vieillard coquet au désespoir obstinément qui
contemple le sol
un champ d'horreur fleuri de plaisirs puis
reprenant en lecture un recueil de 180 grammes

13/9/86, 17 heures 22′28″

... le pendu dans la cavée s'est retiré du temps
un chien sur le seuil flaire l'autre temps
où passent et repassent les veuves de trottoir
hors de leurs habits les amants luttent
derrière les auvents ou dans les huttes
        (le vieux le fameux cyprès veille
        en guerrier sarde en farouche moine)
        et lui comme un démon se jette nu
        toute haine au membre et elle
        hurle son mal béant —
un chameau reposait sur le sable l'autre
debout sommé d'un burnous rouge affrontant
        les dunes violettes...

l'âge des haies

moi, le frère de ma vie
à peine avions-nous surmonté la saison
que les mouches funéraires resurgirent
par désespoir du corps
chassant la veuve
une femme en cheveux
l'oiseau de mars avant la mort à goûter
sourire des filles à noir pubis où
trouver l'ange
car qui ne t'a vu parler les yeux dans leur moelle
comme les poètes redisent leur chant au tombeau :
en vérité nous sommes tombés dans le corps
dans un cadavre ?

le sens coupant les mots

joueuses de cottabe,
j'entends encore vos rires à travers les siècl
voyez, la Mélancolie contemple son pied
et la musique aux Tuileries est partie
dans l'humilité du liseron
sous les yeux faïence de ta voisine
amante heureuse oublies-tu ton amant
de l'œil au lit
tombé dans tes bras
à violante paume
la mort nous sépare de tout me séparera de vous
sirènent les paquebots dans l'enfance
fascinent les enfants les cris d'adultes en rut
aux mois de répit sans r
par haine du nord

bordel 85

ici je viens quêter la chair
au sol guetter les mégots
à la tombée des robes
dans l'église-entrepôt
jaillit le coquelicot sang
(humains qui savourez les combats de coqs)
donnez-nous une vie de humboldt
avant enterrement mozartien avec
chien dans la neige et purifiant oubli
tant qu'il y aura des herbes
en attendant bénissons les blés par la fenêtre
prise à témoin la terre
en décubitus latéral

IV

ODES À PASCIN

« *Tout aux tavernes et aux filles* »

Villon

comme certains encore se signent avant dîner
ou sur la piste s'élancer ou frapper le ballon
d'autres égrènent un chapelet dans les aéroports
comme écrire est chance lourde, capricieuse ou
le chien n'avait pas encore eu son poème
— ô chats des esthètes ô cygnes symbolistiques ! —
quand tu me demandes pourquoi je te supplie :
prends mon sexe, fais ardeur de mon corps
c'est au nom de l'unique consolation
ne plus mourir
que tu t'appelles Emma ou catin
c'est pour que ta main me donne
ce qu'aucun dieu n'a jugé bon d'
ajouter au supplice des mers et orages
me donne ce que taisent tes arums offerts
ou l'ombre des salles enténébrées
les jardins en retrait le sommeil tombal
car tu ne sais ce que serait une femme
objet de prière et de touffeur calmante

à l'enfant qui contemplait les poules sous la mue :
revoir l'herbe
tout vent tombé
large, douce autant dire moelleuse
chaude c'est ta langue
les animaux des champs
sous leur vieux cèdre
en robe mouchetée qui paissent et observent
ignorant l'abattoir
comme les livres de l'hiver nous protègent
chiffres et dates au siècle nous épinglent
ou les traces peintes nous absolvent de
l'effroi du nu
avec toutes les sortes de femmes

à mi-février déjà s'apparient les oiseaux
quand le vieil esquimau renonce à l'être
n'ayant plus de force à lever le harpon,
        alors, heureux comme au bordel
        parmi les rires à rêver blanc
        dans une maison sans vent
je bascule au printemps, dans tes bras Marie
nourri de la vermine obscure des tombeaux
        comme mâchant de la boue
        comme englué dans le purin
        par peur de l'onde noire
        épure ma dépouille par le feu
tes entrailles afin que jamais je n'aie
plus vu le jour et que ne reste que mon œstre

à force de bleu îles et légendes
s'enfuient par la fenêtre vide
où la nuit va entrer vous endormir
            entre chaque mur
profondément au sein de l'en deçà
au frémissement de toi-même, Louise,
jamais je n'avais vu ton visage
selon tes sens selon tes nerfs
tant me blesse le jour mais la
        nuit m'éclaire nu
        sous mon masque de vie
        ô délivrance des pendus

à ma chère madeleine, mon éclaircie d'enfer
pour son doux geste de palefrenière
Madeleine qui n'avait droit qu'aux pieds
le lierre jaune des poètes assailli des guêpes
au soleil automnal
dans les salles vides comme tombeaux d'où
les rires blonds ont disparu
alors elle s'affole sous son voile
(la chasteté ne voit rien)
il crie : laissez-moi parmi les livres
les coussins couleur d'enfances pendant qu'
en bas les paons épatent leurs femelles
à sa vieille bien-aimée, ses yeux charbons
Magda

à l'affût des roses là
où les filles aiment à être violées
dans mon piège de chair à orteils
avant qu'il ne se fasse débris
lamentant avec elles
par leur chevelure consolé leur fourrure
me protégeant leurs cris contre la lune
tapie la bête au profond de son fort
en criminelle conversation
avec Vénus la Chauve
jusqu'aux déboires matinaux
même avec une sainte thérèse déhontée
merci à ta rosée désaltérante
depuis les cycles bartonien stampien

en baisers verticaux
comme longue épitaphe
qui de visage à hanches se déroulerait
sous nos yeux par l'oubli éblouis — car
peu morts encore nous ne vivons guère —
des mains cherchant des chairs
qui serrent l'autre là, femme
debout aux fenêtres radieuses
une fille qui pouffe à « sain
saint est ton sein ! » et dit
réjouissement plaisance
en nous promenant dans la vallée des prés
nous roulant sur la douce pente avrilée
qui mène les repoussants débauchés en enfer

dames de la nuit enrubannées
au transept de vos bras
clouons notre chagrin
en des chambres transitoires
à paroles tremblées avant que
médecin mort et diable ne nous emportent
fumons le bel ennui dans ces heures sauves
yeux sur le bouquet qui fête ta gorge
brûlées nos forces en d'ultimes débauches
de gin et de vin d'usures et tristesses
cherchant femme neuve pour une vie unitive
en pensant à pascin
de mœurs relativement dissolues
je te donne six poèmes très noirs

sous la mort putain
grisolle l'alouette au jardin
énormes les capucines aurore foncé é-
treignent l'if
et la femme rabat sa jupe étriquée
par peur d'être enlanguée
en sa maladie de peau
son buste flétri de vieillarde (comme
jadis ses règles le camélia mimait sa constance)
dans la chambre nulle chose en venance
que poussière sur les meubles sans âge
il faut s'étendre et crier
les mots obscènes les plus tendres
les yeux figés comme son chignon

à Toi encore je reviens toujours
du fond de l'oubli menaçant à
ta longue jupe noire dans le blé coupé
        tes huit doigts au ventre
        et tes pouces écartés
        pour offrir et protéger
    au taillis couché par le vent sur ta mèche
        m'avançant vers ton lait
    au loin des nuages d'orages sur ces lèvres
    d'anxiété ces frais bras qui vont m'étancher
    comme enfin parvenu à l'autre rive où
            s'agenouiller

le long cri des loups nous y convie
avant les larves et les vers déjà
        dans le fruit ton ventre
nous remettant au devoir amoureux
        pour ton pied grec
        ma nymphe lumière
avant que les vents n'emportent nos
vieux espoirs dit Grégoire l'iambique
dahlias et soucis bravent encore octobre
        de joue à sein
        en cadences douces
rions-nous du froid entre les chauds draps
aux traces de lacets et jarretelles
restons fils et sœur dans un même lit
        rompus et vifs
        ni dents ni souffle

au jardin frappé de lumière fine douloureuse
ton foulard imite pétunias et clématites
Flore couleur du temps mais qui habites
dans un tènement de maisons sinistres
couvre-moi sous tes baisers d'églantine
roses par tes fragrances d'iris jonche-
moi sous les caresses à ton cou tes cuisses
où ma main de musique ma main fugitive
lentement se plaisent à effacer mon sort
Florence à haute et ferme poitrine en
déesse quelconque tu procèdes en voyage
nous irons aux *Offices* visiter ta
                    sœur vénitienne
puis dans la ruelle pluvieuse j'épouserai
                    ta beauté lente
à vif voyant ce qu'auraient vu les morts

elle ma Solanée
sur une tête de mort est couchée
avant de crier fait la charité
ses formes abondent
en ses chairs se mirent nos gestes
qui rendent vaine et belle sa gloire
elle cache son gousset ses immondes orifices
sous le ciel d'un jour elle songe aux
bouleaux gardant encore l'hiver un peu d'or
au froid janvier 92
ou à l'énorme geste de Casca
de sa voix rauque plaintive elle jouit
ses oreilles recueillant les mots les plus crus d'
un sourire

rosa bonheur aux abattoirs
les cerfs ayant rait toute la nuit
et tous ceux qui naquirent à date perdue
ou nulle part disparurent invisibilisés
chaque jour un baiser à ton sein jouit de mai
ses rasades de vin pur sous tes yeux affamés
ses régalades ô fille de misère Denise
dansant à la redoute heurtant en sueur
mon désir dressé
toi qui ne fais la renchérie et rencognes
tes larmes, quelle beauté pare ton flanc et
si abondant dit jadis de toi Ovide appelée
Corinne telle une tulipe enceinte
en robe jaune-rouge
citée comme veuve !

les jeunes filles diaphanes au front de mer
ne valent pas ces gaupes à chaude morsure
qui vous baisent les parties sacrées mais
songent encore aux loups à langue rouge
        qui traquent leur enfance
        fontaines d'eau froide où
        noie l'orgiaque ses ardeurs
        en d'affectueux détails
Tristesse de lacérer ses livres comme
on palpait enfant les baies de sorbiers
on soufflait les ailettes d'érable aux
chemins creux le chèvrefeuille s'étoile
et les nuages ne passent que pour nuages
soudain les châteaux, les villas, Rome, un
œillet, la croupe de marianne assaillent
        tout ton être de soufre

au jour ouvrant
la place du chenil recouverte de neige
où ne fuit qu'un fichu hâtif mais qui
ressuscite l'œillet rouge onirique
lèvres sur bandeaux noirs de gitane
ô Marcelle besoin de te voir
ma fleur sanglante en robe moulante aduler
ta haute croupe insultant à toute vergogne
ma rustre qui ne sais pas Eluard
tes ongles vifs et la langue pourpre enfoncés
dans ma pâleur aux heures creuses d'escalier
ô femmes qui nous faites passer l'eau vers

beauté de soi sur la berme
songeant au mot viage
venez mes trois reines Rosa qui changea
le monde Marie qui ce vieux sieur aima
et toi Germaine sous les lustres me con-
voitant la main me pressant à traverser
à minuit la chaussée puis à croupetons
ou vous encore Flora mon mâle frère
oui viens ma pluie
(souviens-toi penchés sur le lac
l'autre main ombrelle au dos)
cravate de chanvre ou deuil
apaiser notre fin
dure secousse
le sexe érigé dans sa révolte contre-
butant dans les chablis les abattis
nous deux les regardeurs de mer

vision cruelle
en plein coït
tournez les âmes
j'ai ton corps entre mes mains
ma mère en cris sous mes lèvres
trois anges légers
en style perpendiculaire
et leurs miracles !
jusqu'à ce grain de beauté qui ne sera oublié
là sur le cou dévoré
(un forçat par un boa)
dans le couloir un béquillard claque son ombre
dans la vallée un ermite au pied d'un arbre s'extasie
précieuse au déhanchement magnifique

le roi est heureux
pris de gaieté
fuyant les avances
taquinant Euterpe
sur les libres mers
ô marches fatales aux terrestres estropiés !
parmi les houles du colza
sous les hêtraies sacrées
possédant de sa reine le cœur par le sexe
ses blanches jambes ses larges yeux
ses fraîches fesses ses hanches larges
sa cheville ronde
(voir, parler, toucher, baiser, envahir)
à respirer accroupie une fleur

V

STYGIENNES

par les noirs matins
dès que nous happe le travail du jour
se jetant sur sa propre épée
je ne maintiendrai pas la tête de mon
cheval hors de l'eau ni m'accrocherai
par les ongles aux herpes
au froid déluge des chagrins
ne sauverai mes meubles
en quittant mon haut
au sortir de l'hiver les gitans réapparurent
à lents équipages
passèrent sous l'orme nu qui domine
des noirs passants les changeantes défroques
dès nos vingt mille jours comptés
la mort sera rouge
les règles se sont arrêtées

au premier mars pépient les oiseaux contre
la neige pareille au blanc front des morts
qui ne les entendent plus
derrière les auvents plaignent les soupirs
dans l'ultime solitude
cadavre s'affaisse, printemps revient
l'un tardif l'autre longévif
sur le domaine terrestre
de brumes en bruines
en l'ère mortelle
— car un jour les hommes auront vaincu le corps —
là-bas enfoui gît l'anneau de Cynthie dans
l'humus route de Tibur sous les siècles
dont brillerait encore le béryl !

comme un samouraï au cœur immobile à
la porte du placard m'attend le rat
mort et gras
l'œil vif
longtemps qui s'ébattit dans les combles
la nuit était son heure
en découvrant ses dents ensanglantées
chaud je le caresse sans qu'il morde
longues moustaches une queue
pour allumer les cierges
la plaie au crâne
dans la chambre vide penchent les tulipes
au jardin explosent les dents-de-lion
montent les nuages
et j'écris l'orage
les bruits du temps fini
le soufre dans l'air laissé par les suicides

voyeur-lecteur,
qui lis l'épitaphe d'un paysan ornais écrite
à la garde du temps
dans son nuage d'oubli
né à Champsacré il déclara ses ruches
de son croc à fumier empilant en
branchages les états de son corps la
force ventée d'un ru songeant à ceux
qui pleuraient à la musique cadavérisés
telle la cour abandonnée à ses pavés ses remises
sans âme qui vive
qu'un chat étique
dans ses souvenirs martiaux quand il goûtait
aux trois fruits de la femme
ô part de Marie
et toute chair n'est plus que comme herbe

brumes la mort
la nuit tombale
froide, glaciale, finie, flasque rebut
ah vous ponts
chevaux tondus, retour des loups, bacs sur
l'eau, et tous les suicidants, les matins
criblants, les dos voûtés dans le bac, ô
vagabonds qui dormez dans les feuilles et
la neige, car la mort est née des faces
mortes creuses
ce 30 novembre par huit degrés centigrades
et vent nul j'ai vu le bétail confiant
sur l'herbe pluvieuse à mâcher le temps
— mais n'ai-je aussi perçu les cris copulants
des tortues ?

nous guetteurs de bruit
rats soudains, menaces, énormes cris en rut
mourir debout
en pleine page
en charnelle compagnie
du fond de la nuit
je vous salue à la japonaise
vous laissant au vide universel comme
poteaux de but et barre transversale
en semaine dans un champ campagnard
écrivant sans double
par grand goût de foulards
protégé du cancer par la mère englaisée
ses mèches son rire sonore en Carniole ses
filles vives à sexe-joie nous nous en donnâmes
avant que je finisse par chier jaune et vert

deux mots illisibles...
et la mort aux grandes ailes sera-t-elle un ange
une dame en ses voiles qui dépose sa lanterne
vous ayant trouvé ?
alors nos yeux glaireux ne les suivront plus
surgis des feuillus
en ailes de faucille
pluie folie dans leur stridence ni toi
chouette la nuit aux lunettes emplumées
plus ne chantera la linotte mélodieuse
mais toi, belle putain perlèche qui me livrais
tes charmes mon vénéneux sumac
l'ennui menant au bouge
par ses octuples chemins
qui ne pleurais qu'aux animaux,
tu entendras encore leurs notes claquées

à Ré debout sur un îlet
jadis un merle sur un prélart enneigé
sous les trouées les nuées
en attendant la mer basse au matin
que viennent les feux en février
la pluie chaude le saint pour amoureux
les Roméos Montaigus ou Lazares déterrés
que cesse la punition à coups de saisons
pour qu'on reprenne les chemins d'aulnes à chatons
les soleils sont courts les pies chapardent
ô chute des couvreurs
mourir sa mort
en satisfaisant un besoin naturel
mais poignardé à l'épaule ou bien

succombés, à mi-route
gisent ensanglantés les hérissons
une goutte tombe du lilas au sureau
sur les vieillards il pleut beau chus
dans la vie puis l'anatomie puis l'oubli
tenant ta main n'aimer plus que ta voix
qui me chante où dormir — dans le lin bleu
sous églantines, fesses et figues, liserons
couvrez-moi des croisées en regards qui
ne passent aux actes
beaucoup d'aigus dans sa poésie
dernières paroles inaudibles
avant le cimetière des réprouvés
« Jenny Laura ou Tussy Marx »
loin des pétards de la vie feinte
les pieds croisés comme un potier

Ovide parlant par gestes
sur la fosse d'une coudée
je répandrai le blond miel et l'âcre
vin quotidien avec l'eau facile mais
non le sang noir d'animal qui ne sait
hurler sa misère contre les hommes
afin d'évoquer les morts heureux
les pieds nus de Corinne
quand le vent emporte les feuilles et chasse
les nuages et les nuages les jours et les
jours moi-même le vertical à main libre
ô Libitine prends pitié des fils de rien
sous le tilleul vénérable
en train de chanter la mauvaise nouvelle

Voiries décharges dépotoirs poubelles
tombé dans la gueule du fossé comme
un poème profond et difficile
un cimetière arraché par un raz de marée
un assassin par matin
un rat par habitant
laisse aller tes pas toi née un 22 mai
en plein travail
ma partie dormante
comme V.H. reposait notre grand prophète
scribouillant sur des omoplates de chameau
oiseaux des jardins parcs et champs
ô grive musicienne
ton cri d'appel tes cris fiévreux craintifs
nous vous regretterons
vos doux gazouillis cn strophcs varićcs
dit le journal
pendus sans phrases ni viatique

prier devant une décharge publique
puis, en avançant, dans la décharge
parmi les cartons lancés immobilisés
de pluie lardés les jouets qui trônent
fourneaux, chiffons, bouteilles et matelas
les chiens les hommes y pillent
un fou moi à genoux s'y apaise
ayant quitté son amie du monde
qui vous rappelle par danger
avancé comme dedans la mer
comme homme nu dans une gare
sous le vent d'automne qui se lève
pleurant d'âcre poussière aux yeux
les bras étendus sur champ d'abîme
à bientôt quitter

les Vieux

les vieillards punais plus ne regardent
dans le présent leurs yeux ne reflètent
que feuilles mortes longuement ils siègent
dans leur privé mains noueuses en prière
ils songent aux beaux seins de leur jeunesse
bleus étés sur la plage
jardin reclos des vierges
sous le peigne leurs cheveux tombent en plocs
sales et grisâtres
puis ont le droit de contempler les canards
à bec orange ou rose sur la mare : une vache y
vient à pas lourds boire les yeux lucides ou
opiniâtres ou encore béants
le soir ils rêvent qu'ils dorment dans des bras
blottis comme jadis dans les hôtels ou les bouges,
les jonquilles d'avril n'enchantent plus leur
maison délabrée

à la faveur de la nuit sonnent les morts
dans la tranquille horreur des pas dominicaux
corniche et médaillon ne veilleront plus
le cher malade dialoguant avec l'armoire
qui écrivait de sidérants poèmes car
la barbe pousse encore dans les tombeaux
pour le rasoir des exhumés
auparavant inhumés puis encore debout marchant
pimpant puis galopant leur enfance utérins
enfin — or lui succomba dans la douceur du soir
et mourut soixante justes années : squelette
dans les cordages après naissance par le siège

finir dans le manuel-cimetière
par l'entrée 236 bandeau vert
à droite dans l'allée b. noël
sous les ruines lunaires une fille
de vaisselle quelques épais moutons
sur la mer
louons-le dans son coma (ses virgules)
d'avoir soupesé vos tendres chignons
à son corps épargné une seconde pourriture
usine fécale réduite en urne ; *déplorons-*
le à l'aide de pleureuses vénales
nulle qualité de vifs ne l'ayant saisi
tels mérite honneur ou crédulité et
pas d'autre convoi que chiens hilares ;
consolons-le de la même farce éternisée
bénie des curés à la flatterie de la jeunesse

envoi

Ils passent à travers nos années
ils scrutent au fond des puits
ils savent qu'ils sont morts
et vont contempler la mer
ils s'exilent dans les animaux
ont égard aux choses
et font parler les pierres
de leur mont pagnote
ils décrivent les batailles
et accusent le temps
ils chantent la folie
leur science est d'innover
ils usent de dérision
ils endurent solitude
ils critiquent la mort
ils s'abrègent la vie
tous les mots épuisés
ils s'inclinent au ventre des femmes
ils envient les nuages
de se disperser
et ne cueillent les fleurs
ils ont commerce avec les saisons

et goûtent chaque mois
ils cherchent le poème
et boivent le vin de santé
ils aiment l'oubli, l'ombre
et sont loin de leurs amis
parcourant les routes de soif
visitant les divinités
ils hantent l'ailleurs
et dessinent la pluie,
dénonçant la vanité du bien
ils s'étonnent, ils s'abandonnent
étreignent la paresse sur les lits
ils affirment au lieu de dire
ils contemplent les rats sous la lune
et sombrent au dernier matin

I

Jude Stéfan, né en 1930 à Pont-Audemer, entreprend voyages et études de droit, philosophie, lettres avant de « devenir » professeur de lettres classiques dans un lycée de province. Au cours d'une maladie (1954), il rédige *Satires* qu'il reprendra et adressera, sur le conseil de Maurice Blanchot, à Georges Lambrichs, à qui il confiera dès lors la plupart de ses opuscules, de la sorte en contact avec les écrivains du « Chemin ». La poésie lui est venue du goût des mots et surtout des langues.

Libères (1970) s'entend comme réaction contre le début étranglé de *Cyprès* (1967) par recherche d'amplitude plus tard élégiaque dans *Idylles* (1973) et *Suites slaves* (1983) ; *À la Vieille Parque* (1989) sonnait comme un adieu et remerciement à celles qui l'avaient encore épargné par l'intermédiaire des Filles-Muses.

II

Aux Éditions Gallimard

CYPRÈS, *poèmes,* 1967.

LIBÈRES, *poèmes,* 1970.

IDYLLES, *suivi de* CIPPES, *poèmes,* 1973.

VIE DE MON FRÈRE, *nouvelles,* 1973.

LA CREVAISON, *nouvelles,* 1976.

AUX CHIENS DU SOIR, *poèmes,* 1979.

LAURES, *poèmes,* 1984.

À LA VIEILLE PARQUE, *poèmes,* 1989.

XENIES, *essais,* 1992.

ÉLÉGIADES, *poèmes,* 1993.

Chez d'autres éditeurs

POESIE (Guanda), 1979.

LETTRES TOMBALES (Le Temps qu'il fait), 1983.

SUITES SLAVES (Ryôan-ji), *poèmes longs,* 1983.

LES ACCIDENTS (Ryôan-ji), *nouvelles,* 1984.

GNOMIQUES (Le Temps qu'il fait), 1985.

ALME DIANE (Le Temps qu'il fait), *poèmes,* 1986.

FAUX-JOURNAL (Le Temps qu'il fait), 1986.

LES ÉTATS DU CORPS (Champ Vallon), *nouvelles,* 1986.

DIALOGUES AVEC LA SŒUR (Champ Vallon), 1987.

DIALOGUE DES FIGURES (Champ Vallon), 1988.

STANCES (Le Temps qu'il fait), *contre-haï-ku,* 1991.

DE CATULLE (Le Temps qu'il fait), *essai et transpositions,* 1990.

LA FÊTE DE LA PATRONNE (Champ Vallon), *nouvelles,* 1991.

SCHOLIES (Le Temps qu'il fait), *notes,* 1992.

LE NOUVELLISTE (Champ Vallon), *nouvelles,* 1993.

III

Cl. Adelen : « Jude Stéfan, *Alme Diane* et Autres » (*Action poétique,* n° 111).

S. Solmi : « Jude Stéfan » (*La Luna di Laforgue,* Mondadori ed.).

N.R.F., n° 448, mai 1990, Hommage.

G. Palmery : « Il " mentir vrai " di Stéfan » (*leggere*, n° 31, mai 1991).

J. Taylor : « Exploring the soul's darkness » (*France Magazine*, n° 21, 1991).

(À paraître : *Cahier* (Le Temps qu'il fait), 1993 ; M. Sicard : « Poètes d'aujourd'hui », éd. Seghers.)

Libères

À la Vieille Parque

Ce volume,
le deux cent soixante-neuvième
de la collection Poésie,
a été achevé d'imprimer par
l'Imprimerie Bussière à Saint-Amand (Cher),
le 24 mars 1993.
Dépôt légal : mars 1993.
Numéro d'imprimeur : 447.
ISBN 2-07-032738-8. / Imprimé en France.

58322